Wedding Flowers: Ideas & Inspiration
was produced by Florists' Review Enterprises, Inc.
www.floristsreview.com.

Copyright ⓒ 2015, 2014, 2012, Florists' Review Enterprises, Inc.
All Rights Reserved.

Korean translation rights arranged
with Florists' Review Enterprises
Korean translation rights ⓒ 2016 by Flora Publishing Company

Wedding FLOWERS 웨딩플라워

florists' review / 류병열 번역

wedding FLOWERS
IDEAS & INSPIRATION

06	꾸밈없는 자연의 아름다움과 우아함
12	새가 있는 동양적인 풍경의 웨딩
18	보라색 팬지로 꾸민 모던 빅토리안 스타일
24	샛노란 봄 햇살을 닮은 웨딩
30	나비를 활용한 로맨틱 보헤미안 콘셉트
36	자연친화적인 시크 스타일
42	향긋한 라벤더의 보랏빛 웨딩마치
48	따뜻하고 화사한 남부의 신부
54	라임의 싱그러움을 담은 디자인
60	심플한 패턴의 아름다움
66	골드와 피치의 해변 웨딩 스타일
72	발랄하고 독특한 분위기의 웨딩
78	오렌지빛 정원에서 열린 결혼식
84	꽃과 보석의 화려한 만남
90	서양란을 활용해 도시적 감각을 살린 웨딩
96	블루를 메인으로 한 이국적인 콘셉트
102	깊어가는 가을의 멋스러운 웨딩마치
108	레드를 활용한 세련된 결혼예식
114	겨울에 열리는 사랑스러운 웨딩파티

꾸밈없는 자연의 아름다움과 우아함
Untamed Elegance

절제되고 소박한 요소들이 풍성한 야생화와 함께 어우러진 이 작품은
꽃이 만발한 초원을 연상하게 한다.

부토니어 보라색이 감도는 두 송이 헬레보루스에 두 장의 백묘국과 왁스플라워 잔가지로 뒤를 받쳐주어 방금 꺾어 온 것처럼 보이게 만든다.

◀ 아랫부분에 리시안서스와 헬레보루스, 백묘국 잎을 배열하고 그 위에 활짝 핀 흰색 라일락을 배치한 핸드타이드 부케로 올이 풀린 삼베리본으로 줄기를 감싸주고 진주 코사지 핀으로 마무리한다.

스프레이 통 뚜껑을 올이 굵은 삼베로 감싸 바구니를 만들었다. 소박한 꽃송이들이 앙증맞다.
삼베 바구니 만드는 법은 8페이지를 참조.

질감이 비슷한 헬레보루스와, 리시안서스, 라일락, 알리움을
차분한 회녹색의 백묘국 잎으로 둥글게 둘러싸서 마무리한다.
잎으로 밑받침 만드는 방법은 8페이지를 참조.

잎으로 밑받침 만들기

리본의 양쪽 테두리나 둥근 판지의 양쪽 면에 포장 테이프를 붙여서 물이 스며들지 않도록 견고하게 만든다.

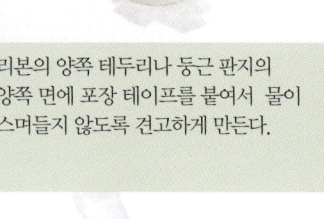

백묘국 잎 뒷면에 스프레이 접착제를 뿌린다.

둥근 칼라 모양이 되도록 잎을 겹쳐가면서 판지 위에 눌러 붙여준다.

폼 케이지 부케 홀더를 중심부분에 넣어 주고 글루건을 사용하여 부케홀더 아랫부분을 밑받침에 붙여준다.

삼베 바구니 만들기

스프레이 뚜껑 두 개를 뒷면끼리 맞붙여서 접착제로 단단히 붙인다. 여기에서는 Oasis UGlu를 접착제로 사용하였다.

뚜껑을 삼베 리본으로 감싸고 끝부분은 접어서 접착제로 단단히 붙인다.

밧줄 한 가닥을 바구니 양옆에 아래로 쭉 붙여서 손잡이를 만든다.

글루건을 사용하여 플로랄 폼을 바구니 안쪽에 단단히 고정한다. 꽃꽂이를 할 준비가 되면 플로랄 폼이 잠길 정도로 물을 부어준다.

센터피스
여러 가지 크고 작은 꽃들로 구성된 3개의 어렌지먼트를 짙은 색의 나무화기에
각각 담아 삼베 러너 위에 한 데 모아 배치한다. 장미를 헬레보루스,
리시안서스, 알리움, 왁스플라워, 백묘국과 함께 디자인한다.

새가 있는 동양적인 풍경의 웨딩
Avian Inspiration

새 모티브는 자연의 느낌을 낼 수 있는 가장 이상적인 방법이다.
깃털이나 둥지, 청록색 울새의 알로 섬세하게 표현할 수 있다.

부토니어 버질리아와 백묘국 잎으로 감싼 장미에
한 쌍의 깃털을 더하면 완벽한 새 모티브를 담은 부토니어가
완성된다.

▲ 장미와 나리. 버질리아를 새 둥지처럼 생긴 포도나
무 덩굴 안에 그룹핑하여 배치하고, 백묘국 사이에
달걀 모형을 넣어준다.
둥지 밑받침 만드는 법은 14페이지를 참조.

수국 옆에 스카이라인 장미와 버질리아를 그룹핑하여
배치하고, 달걀 모형을 넣은 둥지를 한쪽에 배치하여 균형
을 맞춘다.
꽃바구니 만드는 법은 14페이지를 참조.

열매처럼 보이는 버질리아와 피치색 스토크 사이에 달걀 모형과 깃털을 배치한 후 가운데에서 크림색 장미가 솟아오르는 것처럼 꽂아준다. 깃털로 작품 옆면의 길이를 연장시킬 수 있다.

꽃바구니 만들기

수국에 피치색 플로랄 스프레이를 뿌리고 물올림을 위해서 줄기를 워터 튜브에 꽂는다.

버들가지로 만든 바구니 한쪽에 글루건을 사용하여 플로랄 폼 케이지를 붙인다.

바구니의 다른 한쪽에 수국을 넣은 플라스틱 워터 튜브를 글루건으로 바닥에 붙인다.

준비한 다른 소재들을 플로랄 폼에 꽂아 바구니를 채우고, 리본으로 바구니 손잡이를 감싼 후 손잡이 양쪽 끝에 리본을 묶어준다.

둥지 밑받침 만들기

포도나무 덩쿨을 물에 담가서 구부려지기 쉽게 만든 다음 원형으로 형태를 잡는다.

갈색 플로랄 테이프로 감은 철사를 이용해 덩굴 끝이 서로 단단하게 고정되도록 묶는다.

갈색 플로랄 테이프로 감싼 철사를 플로랄 폼으로 채워진 새둥지 밑 부분에 똑바로 찔러 넣고, 철사 양끝은 포도나무 덩굴에 감싸 준다.

플로랄 폼 안에 다른 꽃 소재들을 그룹핑으로 꽂아 꽃을 둘러싼 커다란 둥지처럼 보이게 한다.

센터피스

광택이 나는 세 개의 도자기 화병을 사용한 작품이다. 꽃이 핀 모과나무 가지에서 쉬고 있는 새들의 모습과 새 둥지로 포인트를 주었다. 나리와 장미, 카네이션을 그룹핑으로 꽂아 효과를 극대화시킬 수 있다.

보라색 팬지로 꾸민 모던 빅토리안 스타일
Modern Victorian

팬지는 가장 인기 있는 빅토리안 모티브로 최근에는 화려한 리본이나 이끼 낀 화분, 선명한 색감의 도일리(케이크나 샌드위치를 놓기 전에 접시 바닥에 까는 작은 깔개)를 액세서리로 사용하고 있다.

부토니어 활짝 핀 팬지 한 송이를 정면을 향하도록 중앙에 배치한 심플한 부토니어로, 그 밑에 다른 팬지 세 송이와 팬지 잎으로 세심하게 마무리한다.

◀ 선명한 팬지 뒤쪽으로 후광처럼 보이는 카네이션을 배치하여 다양한 보라 색감으로 로맨틱한 작은 꽃다발을 완성한다. 리본을 추가하여 캐스케이드 모양을 만들어 준다.

▼ 이끼를 덮은 바구니에 작은 사각 플로랄 폼을 글루건으로 붙여넣고, 카네이션과 팬지로 채운 후, 손잡이를 리본으로 감싸서 앙증맞은 바구니를 완성한다.

활짝 핀 미니 카네이션과 미니 장미 속에서
짙은 보라색 팬지가 단연 돋보이는 존재이다.
밑받침에 사용된 팬지는 부케를 더욱
풍성하게 만들어준다.
팬지로 밑받침 만드는 방법은 20페이지를 참조.

인조 이끼 화분 만들기

식기 세척액 몇 방울을 떨어뜨린 물을 테라 코타 화분에 골고루 스프레이한다.

화분에 진한 녹색 플로랄 스프레이를 가볍게 뿌린 후 물을 넉넉하게 분무한다. 2-3분 정도 그대로 둔다.

밝은 녹색의 플로랄 스프레이를 가볍게 뿌리고 또 다시 물을 분무해 준다. 2-3분 기다린다.

플랫 화이트나 화이트 워시 플로랄 스프레이를 뿌려주고 마지막으로 물을 분무한 후 말린다.

팬지로 밑받침 장식하기

철사 리스 틀을 얇은 리본으로 감싸 기본 틀을 만든다.

굵은 철사 두 가닥을 폼 케이지의 밑 부분에 수평이 되게 십자모양으로 똑바로 찔러 넣는다.

철사 위에 밑받침을 올려놓고 철사 끝부분은 밑받침을 감싸면서 구부려준다. 튀어나온 부분의 철사는 잘라준다.

팬지 뒷면에 스프레이 접착제를 뿌려 리본으로 감싼 틀 위에 붙인다.

센터피스

보라색 도일리와 인조 이끼로 뒤덮인 화분을 사용하여 팬지가 강조된 카네이션 화분을 만들었다. 빈티지한 매력으로 포장판매에 큰 인기가 있다. 각각의 카네이션 줄기에 꽃 접착제를 한 방울 묻혀 둥근 볼모양 폼 안에 밀어 넣어 단단히 고정하고, 카네이션 위에 팬지가 잘 고정되도록 접착제를 뿌린다.

인조 이끼 화분 만드는 방법은 20페이지를 참조.

샛노란 봄 햇살을 닮은 웨딩
Burst of Sunshine

봄을 알려주는 눈부신 수선화의 밝고 생기발랄한 이미지에 소박한 액세서리를
더하면 단아한 아름다움까지 느낄 수 있다.

부토니어 그라스와 아카시아를 잘라 한 쌍의 라넌큘러스와 함께 디자인하고, 쥐똥나무 잎으로 마치 정원에서 갓 꺾어온 것처럼 보이게 마무리한다.

한 가지 꽃으로 우아하게 장식한 부케는 고급스러운 매력이 있지만, 털실로 부케손잡이를 감싸주면 소박하고 단아한 아름다움을 연출할 수 있다.
부케 손잡이 만드는 방법은 26페이지를 참조.

솔리다고와 아카시아, 리시안서스, 미니 칼라의 질감 대비를 통해 눈부신 햇살을 색감으로 표현했다.

비대칭으로 모아서 디자인된 라넌큘러스와 수선화가 실로 감싼 밑받침 위로 뿜어져 나오는 듯하다. 라넌큘러스 줄기가 자연스럽게 뻗어 나오는 느낌을 주기 위해 철사를 사용하여 줄기를 보강한다.

밑받침을 실로 감싸는 방법은 *26페이지*를 참조.

밑받침을 실로 감싸기

여분의 리본 테두리나 둥근 판지의 양면에 포장테이프를 붙여 물이 스며들지 않게 하고 좀 더 견고하게 만들어준다.

실을 사용하여 3cm 정도 간격을 두고 사방으로 일정하게 감아서 나중에 적당한 방사선 모양을 만드는 기준선으로 활용한다.

원 모양이 채워지도록 감아준다. 이 때 사방으로 기준선의 각도를 참고하여 감아주면 일정하게 감을 수 있다.

폼 케이지 부케 홀더를 중앙에 집어넣고, 케이지 바닥을 글루건으로 밑받침에 붙인다.

부케 손잡이를 실로 감싸기

수선화 한 다발이 자연스럽게 반달 모양 꽃다발이 되도록 한 데 모아 잡아준다.

수선화 줄기의 윗부분과 아랫부분을 방수테이프로 묶어 줄기가 비틀어지지 않도록 한다.

습기에 강한 아크릴 실을 줄기에 밀착시켜 감아 테이프를 모두 가려준다.

진주 코사지 핀이나 보석 핀을 세로방향으로 나란히 꽂아 마무리한다.

센터피스

수선화가 마치 빽빽한 풀 속에서 피어나듯이 꽂아 눈부신 봄을 표현한다. 워터픽은 꽃에 수분을 공급해 주며 풀 속에 찔러 넣을 수 있도록 해준다. 실로 감싼 포도나무 덩굴 볼을 함께 세팅하여 생동감있는 디자인을 완성한다.

나비를 활용한 로맨틱 보헤미안 콘셉트
Bohemian Butterflies

모나크 나비 무늬와 섬세하게 제작된 다마스크, 나선형의 에케베리아 잎,
독특한 패턴 등을 이용하여 아름다운 꽃 장식을 표현한다.

부토니어 장미 한 송이에 전통적인 잎소재 대신 나비 날개로 뒤를 받쳐준다. 작은 에케베리아 가지를 추가하여 그린을 표현해준다.

◀ 화려한 금줄이 들어간 손잡이에 장미와 튤립, 에케베리아, 스타티스를 잘 혼합하여 장식한다. 이중색의 장미와 호야 잎이 화려한 패턴을 잘 표현해준다.

나비 몇 마리가 잠시 쉬기 위해 내려앉은 것처럼 보이도록 작은 에케베리아와 함께 장식한다. 모나크 나비 날개의 독특한 패턴을 활용한 웨딩 링 필로우(RING PILLOW)가 화려해 보인다.
웨딩 링 필로우 만드는 방법은 32페이지를 참조.

핫핑크색 모나크 나비의 날개로 이루어진 밑받침에
장미, 미니 칼라, 에케베리아를 풍성하게 장식한다.
나비 밑받침 만드는 방법은 *32페이지*를 참조.

나비 밑받침 만들기

실로 짠 인형 모자의 윗면에 접착제를 뿌린다.

인형 모자의 가운데 볼록한 부분에 부케 홀더를 눌러 모자 중앙부분을 채운다.

철사 절단기를 사용하여 모조 나비 날개를 몸체에서 잘라낸다.

날개 뒤에 접착제를 뿌려, 인형 모자의 테두리 주위를 따라 무늬를 만들어가며 붙인다.

웨딩 링 필로우 만들기

철사 절단기를 사용하여 모조 나비 날개를 몸체에서 잘라낸다.

잘라낸 나비 날개 뒷면에 접착제를 뿌려 베개 윗면에 눌러 붙인다.

나비 몇 마리를 접착제를 사용하여 베개 위에 붙인다.

방수 접착제로 에케베리아 몇 송이를 붙여 마무리한다.

센터피스
나리와 장미, 스타티스, 에케베리아, 호야 잎으로 구성된 이 작은 어렌지먼트에서는 흑백의 다마스크 꽃무늬가 무늬와 질감에 있어서 강렬하게 시선을 사로잡으면서도 절제된 분위기의 배경이 되어준다.

자연친화적인 시크 스타일
Sustainable Chic

자연 그대로의 나무와 다른 소박한 재료들을 진한 녹색의 꽃 소재들과 함께
디자인하여 대지의 경이로운 아름다움을 표현한다.

부토니어 하이페리쿰 잎은 떼어버리고 쥐똥나무 잎으로 뒤를 받쳐준다.

▲ 무늬가 있는 맥문동 매트로 링 필로우의 표면을 덮는데, 이때 링 필로우의 레이스 테두리는 제거한다. 가는 철사로 새의 알이 들어있는 둥지를 고정하고, 수국 잔가지와 하이페리쿰 열매로 리본 모양을 만들어 디자인에 안정감을 준다.

링 필로우용 매트 짜는 방법은 38페이지를 참조.

◀ 막 꽃이 피기 시작한 수국 한 다발을 수수한 삼베 리본으로 묶고 암회색 코사지 핀을 꽂아 마무리한다.

패랭이로 장미를 둘러싸고 진주 화관처럼 생긴
그린 하이페리쿰 열매를 배치하여
우아함과 자연스러움을 더해준다.
하이페리쿰 리본 만드는 방법은 38페이지를 참조.

링 필로우용 매트 짜기

맥문동을 필로우 너비보다 더 넓게 나란하게 죽 늘어놓고, 한쪽 끝에 테이프를 붙여준다.

릴리 그래스를 한번은 위로, 한번은 아래로 번갈아 가며 넣어주면서 매트를 짠다. 잎 사이 간격을 좁혀준다.

적당한 크기의 사각형 모양이 완성되면 모양이 유지될 수 있도록 그 위에 투명 포장 테이프를 붙인다.

테이프가 바닥으로 가도록 매트를 뒤집어서, 적당한 크기로 자른다. 낮은 온도의 글루를 사용하여 필로우에 붙인다.

하이페리쿰 리본 만들기

가지에서 하이페리쿰 열매를 분리한다.

잘 구부러지는 얇은 구슬 철사로 열매를 꿴다.

열매로 이루어진 갈런드를 리본 모양으로 만든다.

부케 홀더에 꽂기 쉽도록 철사로 보강한 우드 픽으로 리본 중앙을 둘러싼다.

센터피스
수국과 카네이션, 국화, 패랭이 각각 한 가지 종류로만 이루어진 꽃다발을 나무 박스에 디스플레이하고 목재 소품을 악센트로 사용하여 깔끔하고 친환경적인 느낌으로 전시한다.

향긋한 라벤더의 보랏빛 웨딩마치

Lavender Love

라벤더의 그 향기로운 꽃 봉우리와 로맨틱한 보랏빛은
고풍스러운 전원의 풍경을 떠오르게 한다.

부토니어 꽃이 핀 향기로운 라벤더 한 묶음을 보랏빛 알루미늄 철사로 단단히 감는다.

▲ 장미와 국화, 리시안서스, 라벤더를 자그마한 가방에서 넘쳐 흐르듯이 배치하고, 굵은 삼베와 철사로 만든 잎과 산뜻한 줄무늬 리본으로 포인트를 준다.

<small>철사 잎 만드는 방법은 44페이지를 참조.</small>

◀ 국화와 유칼립투스 열매로 이루어진 꽃다발이다. 테두리에 철사가 들어간 새틴 리본 중간마다 매듭을 지어주고 올이 풀어진 삼베 리본과 함께 둥글게 돌려가며 배치했다. 전원적이고 빈티지한 아름다움을 만들었고 연약한 꽃잎도 보호하는 역할을 해준다.

고급스러운 느낌의 장미에 철사를 덧댄 삼베 잎과 삼베 밑받침이다. 삼베 리본 띠를 추가하여 순박한 매력을 더한다.
삼베 밑받침 만드는 법은 44페이지를 참조.

철사 하트와 철사 잎 만들기

끝이 뾰족한 펜치를 사용하여 보통 굵기의 알루미늄 철사로 하트와 잎 모양을 만든다. 쿠키 커터로 형태를 잡는다.

스프레이 접착제를 철사에만 뿌리고 삼베 리본을 붙인다.

접착제가 마르면, 철사 모양을 따라 여분의 리본 조각을 잘라낸다.

여분의 철사로 통조림 병 테두리를 따라 감고, 철사 끝을 나선형으로 감아 소박하게 포인트를 준다.

삼베 밑받침 만들기

여분의 리본 테두리나 둥근 판지 양면에 포장 테이프를 붙여 물이 스며들지 않으면서도 견고하게 만든다.

삼베 리본의 철사 테두리는 제거하고 스프레이 접착제를 사용하여 둥근 판에 붙인다.

둥근 판의 테두리와 가운데 구멍을 따라 여분의 삼베 리본을 자르고, 밑받침 중앙에 핫 글루로 부케 홀더를 붙인다.

잎 소재 대신 철사에 삼베를 덧댄 잎을 꽃다발과 함께 배치하고 리본 띠를 추가하여 마무리한다.

센터피스

빈티지한 통조림 병에 알루미늄 와이어에 삼베를 덧댄 하트와 잎을 장식하고 장미와 국화, 트라체리움, 라벤더를 자연스럽게 모아 꽂는다. 풍나무 열매를 추가하여 자연스러운 전원의 분위기를 만들어준다. 철사 하트와 철사 잎은 왼쪽 그림을 참고하여 만든다.

따뜻하고 화사한 남부의 신부
Southern Belle

감미로운 오렌지 셔벗 색깔의 정원 장미는 격식을 차린 느낌을 주지만 클래식한 도자기와 덩굴이 뻗는 아이비를 함께 디자인하면 부드러운 매력을 더하게 된다.

부토니어 장미와 램스이어 두 종류의 잎으로 한 송이 정원 장미의 뼈대틀을 만들어준다.

▲ 여러 가지의 정원 장미를 혼합하여 디자인한 꽃다발이다. 정원 장미를 혼합하여 램스이어로 만든 밑받침 위에 배치해준다.

_{램스이어 밑받침 만드는 방법은 50페이지를 참조.}

◀화려한 꽃잎을 겹쳐서 멋진 나리 합성화(COMPOSITE LILY)를 만든다. 아이비 덩굴을 추가하여 자연스러운 캐스케이드 모양이 되게 한다.

_{나리 합성화 만드는 방법은 50페이지를 참조.}

페이션스, 미란다, 줄리엣 장미로 이루어진 부케에 아이비를 추가하면
밑받침 역할을 하면서 캐스케이드 모양을 연출할 수 있다.

나리 꽃을 크게 만들기

나리꽃 가운데 있는 암술과 수술을 제거한다. 나리 꽃봉오리 한 송이를 와이어링하고 테이핑하여 암술과 수술을 제거한 나리 중앙에 꽂는다.

두 송이 꽃이 서로 붙어있게 하기 위해 꽃잎과 꽃봉오리를 통과하여 수평으로 철사를 밀어 넣고 아래로 구부려 테이핑 해준다.

꽃잎에 플로랄 접착제를 사용하여 리본 테두리를 따라 꽃잎을 붙인다.

먼저 만들어 놓은 나리꽃을 꽃잎을 붙인 리본 테두리 위에 접착제로 붙여 특대 사이즈 나리를 만든다.

램스이어 밑받침 만들기

여분의 리본 테두리나 종이판지에 포장 테이프를 붙여 물이 스며들지 않으면서도 견고하게 만든다.

램스이어 잎 뒷면에 스프레이 접착제를 뿌린다.

리본 테두리를 따라서 서로 겹쳐가며 잎을 붙이고 테두리를 벗어나는 잎은 테두리 뒤로 접어준다.

플로랄 폼 부케 홀더를 핫 글루로 밑받침 중앙에 붙여 완성한다.

센터피스
나리와 가든 장미, 하이페리쿰 베리가 풍성하게 섞인 센터피스이다. 하얀색 화기는 고전적인 느낌의 배경으로 꽃의 색감을 살려준다. 아이비를 슬쩍 걸쳐 멋진 그림처럼 완성했다.

라임의 싱그러움을 담은 디자인
Twist of Lime

클래식한 블루 패턴 그릇 위의 연초록색 라임의 모습에서
시원하고 현대적인 감각을 발견할 수 있다.

부토니에 하이페리쿰 열매 가지 주위에 매끄러운 알루미늄 철사로 나선형으로 말린 넝쿨손과 잎들을 만들어 주면 옷깃이 없을 때 대신 사용할 수 있는 멋진 스타일이 완성된다.

◀ 심비디움 한 가지로만 이루어진 현대적인 부케에 알루미늄 철사 잎사귀를 추가하면 조각한 듯한 느낌이 든다.

밑받침 만드는 방법은 56페이지를 참조.

조개꽃을 사용하여 풍성한 플라워볼의 완벽한 그린 베이스를 만들어 준다. 플라워볼 손잡이에 꽃과 철사로 악센트를 주어 깔끔하게 마무리한다.

플라워볼 만드는 방법은 56페이지를 참조.

수국과 하이페리쿰을 포함하여 소재들을 그룹핑으로 배치한 이 부케에서는 잎처럼 생긴 심비디움 꽃잎이 동백나무 잎과 조화를 이룬다.

플라워볼 만들기

굵은 철사의 한쪽 끝에 고리를 만들어, 플라워 푸드 용액에 담근 공 모양 플로랄 폼의 중앙을 관통하게 찔러 넣는다.

철사 고리가 플로랄 폼 공에 닿게 하고 나머지 철사 끝은 우드 픽에 감아 철사를 플로랄 폼 공에 단단히 고정한다.

조개꽃을 조각조각 자른다. 자른 조개꽃의 줄기에 방수 플로랄 접착제를 발라 플로랄 폼에 꽂는다.

철사 고리에 리본 고리를 묶어주는 데 이 때 리본을 높게 유지하여 플로랄 폼의 습기에 젖지 않도록 한다.

철사 잎 밑받침

긴 알루미늄 철사 한 가닥을 준비하고, 철사 한쪽 끝으로 뾰족한 펜치를 사용하여 타원형 모양을 잡아가며 잎 한 쌍을 만든다.

철사 다른 쪽 끝에도 잎 한 쌍을 만들고 철사를 반으로 접는다. 같은 방법으로 알루미늄 철사로 만든 잎 몇 쌍을 더 만들어 준다.

쌍으로 만들어진 잎들을 한데 모으고, 연필을 사용하여 철사를 꼬아 손잡이를 만들고 펜치로 단단히 고정한다.

잎들을 잘 펴서 밑받침 모양으로 만든다. 심비디움 한 묶음을 와이어링하고 테이프로 말아서 밑받침 위에 배치하고 손잡이에 테이프를 감아 마무리한다.

센터피스
다양한 패턴의 앙증맞은 델프트 장식 화분이 그린색 장미와 신선한 라임의 경쾌한 색감을 완성하고 특별한 어렌지먼트를 만들어낸다. 수국과 하이페리쿰 열매, 동백나무 잎을 그룹핑하여 함께 배치한다.

선명한 패턴과 다양한 색을 풍부하게 사용하여 거베라의 밝고 경쾌한 느낌을
더욱 돋보이게 할 수 있다.

부토니어 핫 핑크색 미니 거베라 한 송이에 쥐똥나무 잎 세 개로 뒤를 받쳐주어 더욱 돋보이게 만든다.

▲ 접은 쥐똥나무 잎으로 바구니를 섬세하게 마무리하고 바구니 안에 작은 플로랄 폼을 글루로 붙여 넣어 미니 거베라에 수분을 공급한다.
잎으로 바구니 만드는 방법은 62페이지를 참조.

◀ 미니 거베라를 모아 만든 선명한 색의 핸드 타이드 부케에 밝은 청록색 리본과 보석 느낌의 코사지 핀을 꽂아 마무리한다.

하얀색 수국 사이사이에 흰색과 노란색 미니 거베라를 넣고
사랑스러운 컬러의 줄무늬 리본으로 경쾌하게 부케를 마무리한다.

바구니 만들기

방수 플라스틱 화기를 가리기 위해서 겉면에 접착테이프를 세로로 붙여준다.

맥문동 몇 줄기를 한 데 모으고 줄기 끝을 접착제를 붙인 화기 양 옆면에 눌러 붙여 손잡이를 만든다.

쥐똥나무 잎을 세로로 반을 접어 접힌 뒷면을 접착제로 눌러 붙이는데, 이 때 잎들을 서로 바짝 붙여서 배치한다.

화분 바닥보다 긴 쥐똥나무 잎은 잘라낸다.

박스에 천을 덧대기

박스의 윗부분까지 충분히 감쌀 수 있는 크기의 천을 준비한다. 천의 뒷면이 위로 향하도록 하고 박스를 천 가운데 놓고 박스 밑바닥의 윤곽을 따라 표시를 한다.

천의 귀퉁이 네 곳을 잘라 위로 올려 박스를 감쌀 덮개 4개를 만든다. 한 쌍의 덮개는 박스 옆면과 같은 너비로 자르고 나머지 한 쌍은 조금 더 넓게 자른다.

덮개 부분에 접착제를 뿌린다. 넓은 쪽 덮개 한 쌍을 위로 접어 올려 박스에 붙이고 남는 부분은 접어서 박스 옆면에 붙인다.

나머지 덮개 한 쌍을 접어 박스에 붙이고 천의 남는 윗부분은 박스 안쪽으로 접어 붙여 마무리한다.

센터피스

종이 박스를 패턴이 있는 천으로 감싸 디자인하면 다양한 느낌의 디자인을 만들어낼 수 있다. 기하학적인 패턴과 선명한 꽃을 함께 배치하고, 여기에 세련된 패턴의 컵과 받침을 더하여 매력적인 대조를 이룬다. 박스는 왼쪽 페이지를 참고하여 만든다.

박스에 천을 덧대는 방법은 62페이지 참조.

골드와 피치의 해변 웨딩 스타일
Sand and Surf

바다에서 온 보물들을 골드와 피치색, 크림색의 차분한 꽃들과 함께 디자인하여
따뜻한 바닷가 분위기를 만들어낸다.

부토니어 골든볼과 하이페리쿰 열매로 장미의 아랫부분을 둥글게 둘러싸고, 하이페리쿰 잎을 뒷쪽에 배치한다.

▲ 호접란과 루코스페르멈, 칼라로 이루어진 열대 느낌의 캐스케이드 부케에 리본처럼 생긴 무늬가 있는 엽란으로 뒤판을 멋지게 마무리한다.

리본을 묶은 앙증맞은 바구니를 조개껍질로 둘러싸고 하객들이 들고 있는 부케와 어울리게 표현한다.
조개껍데기로 바구니에 포인트를 주는방법은 68페이지를 참조.

골든볼과 하이페리쿰 열매, 장미를 질감을 살려 배치하고
눈부신 햇살과 모래 색감을 잘 표현할 수 있도록 디자인한다.
대나무 손잡이 만드는 방법은 68페이지를 참조.

조개껍데기로 바구니에 포인트 주기   대나무 손잡이 만들기

작은 드릴을 사용하여 조개껍데기 중앙에 조심스럽게 구멍을 뚫는다.

작은 톱을 사용하여 대나무를 부케 손잡이에 적당한 길이로 자른다.

알루미늄 철사의 한쪽 끝에 나선형 고리를 만든다. 나선형 고리가 조개껍데기 바깥쪽에 위치하도록 하여 철사를 조개껍데기에 꿰어준다.

대나무는 마디로 속이 막혀있으므로 부케 홀더 손잡이를 짧게 잘라 대나무에 쏙 들어갈 수 있도록 한다.

플로랄 폼으로 채운 케이지를 핫 글루로 바구니 안에 부착한다.

플라스틱 부케 홀더에 플로리스트 점토를 감아준다.

조개껍데기가 바구니 테두리를 따라 수평이 되도록 위치를 잡아 조개껍데기를 폼 안에 찔러 넣는다.

부케 홀더를 대나무 안으로 밀어 넣는다. 좀 더 단단하게 하기 위해 대나무와 부케 홀더 아래쪽 플라스틱 부분에 함께 구멍을 뚫어 철사로 고정한다.

센터피스
3 개의 사각화기로 이루어진 이 작품에서 불가사리는 그 자체가 가장 중요한 시각적 요소가 된다.
또한 불가사리는 사각화기에 시선을 붙잡기 위해서 한쪽 방향으로만 디자인 된 루코스페르멈과
패롯 튤립, 골든볼, 하이페리쿰 열매를 더욱 돋보이게 해준다.

발랄하고 독특한 분위기의 웨딩

Wild and Whimsical

핫 핑크와 라임그린색의 현대적인 요소들에 클래식한 패턴과 재미있는 포인트를
추가하여 사랑스럽고 유쾌한 분위기의 디자인을 완성한다.

부토니어 라임색 격자무늬 천으로 된 잎이 전통적인 느낌을 주는 한 송이 꽃 부토니어에 새로운 스타일을 더해준다.

▲ 격자무늬 천으로 만든 리본 테일과 멋진 손잡이는 핑크 패럿 튤립 위에 녹색 나비가 살포시 내려 앉아있는 모습을 강조한다.

◀ 카네이션 플라워볼의 꽃 사이사이에 포인트로 쥐똥나무 잎과 화려한 색의 나비를 전략적으로 배치하면 3차원의 효과를 줄 수 있다.

핫 핑크색 장미를 메인으로 한 전통적인 라운드 부케로 꽃잎과 윤기가 흐르는 쥐똥나무 잎으로 밑받침을 만들었다. 질감과 색감의 대비에서 아름다움을 느낄 수 있다.

꽃잎 밑받침 만드는 방법은 74페이지 참조.

꽃잎 밑받침 만들기

여분의 리본 테두리나 원형 판지에 포장테이프를 붙여 물이 스며들지 않도록 견고하게 붙인다.

표면에 스프레이 접착제를 뿌리고 접착력이 생길 때까지 조금 기다린다.

가장자리를 따라 장미 꽃잎이 중심을 향하며 동심원을 만들고 서로 겹쳐지도록 붙여준다.

폼 케이지 부케 홀더를 중앙에 밀어 넣고 핫 글루로 케이지 바닥에 붙인다.

토피어리 베이스 만들기

팬 멜트 글루를 사용하여 플로랄 폼을 토분 안에 고정한다.

사용하고 남은 장미 줄기에서 잎을 떼어내고, 줄기들을 거의 비슷한 길이로 다듬어 놓는다.

장미 줄기를 화분 테두리를 따라서 가지런하고 촘촘하게 폼 안에 밀어 넣는다.

줄기에 폼이 가려지도록 화분 중앙에 부케 홀더를 집어넣는다. 폼 케이지에 꽃을 어렌지한다.

센터피스
토피어리 형태의 작품에 핫 핑크색 꽃을 가진 장미와 패롯 튤립, 카네이션, 미니 거베라 등을 풍성하게 배치하고 그린 색 하이페리쿰 베리와 나비 모형으로 포인트를 준다.
토피어리 베이스 만드는 방법은 74페이지 참조.

오렌지빛 정원에서 열린 결혼식
Orange Grove

앙증맞은 귤에서 영감을 얻은 이 신선한 컬렉션에서는 써니 골드에서 짙은 호박색에 이르기까지
여러 가지 다양한 오렌지 색조들이 아름답게 어우러져 조화를 이룬다.

부토니에어 마다카스카르 자스민 몇 송이와 동백나무 잎 몇 개를 새틴 리본으로 묶어주면 간단하지만 우아한 부토니에어가 된다.

▲ 온전한 튤립으로 만든 파베 바구니처럼 보이지만 실제로는 뿌리기 위한 꽃잎들을 촘촘히 뭉쳐서 정교하게 만든 것이다.
잎으로 덮은 바구니 만드는 방법은 80페이지 참조.

◀ 여러 가지 빛깔이 섞인 튤립 한 종류로 이루어진 꽃다발에 치자나무로 만든 밑받침과 리본 매듭 손잡이를 곁들이면 풍만한 느낌과 시각적인 재미를 더해준다.
부케 만드는 방법은 80페이지 참조.

감귤 색조의 칼라와 장미, 거베라를 마다카스카르 자스민, 동백나무 잎과 혼합하여 실크로 감싼 부케 홀더와 함께 디자인한다.

부케 만들기

튤립 잎을 제거하고 잎이 붙어있는 가지의 포엽까지 플로랄 나이프로 모두 제거한다.

튤립을 한데 모아 작은 꽃다발 모양으로 만든 후에, 가장자리를 따라 치자나무 잎을 둘러주어 꽃을 보호하고 밑받침을 만들어준다.

줄기들이 서로 꼬이지 않도록 줄기 위와 아래를 방수 테이프로 감는다.

짧은 리본으로 손잡이를 둘러 매듭지어 주는데, 리본 매듭을 촘촘하게 묶어 줄기를 가려준다.

잎으로 덮은 바구니 만들기

스프레이 접착제를 사용하여 동백나무 잎으로 판지 상자를 층층이 덮어준다.

리본 한 줄기를 바구니 양 쪽에 접착테이프로 붙여 손잡이를 만든다.

간단한 디오르 보우(Dior bows 활모양의 보우)를 두 개 만들어 바구니 양쪽에 접착제로 붙인다.

아직 다 피지 않은 튤립의 줄기를 바구니 길이에 맞게 잘라낸 다음 바구니 안에 밀어 넣는다.

센터피스
선명한 색감의 귤을 유리 항아리에 무더기로 담고 일부는 윤이 나는 오렌지 도자기에 담는다. 동백나무 잎과 스테파노티스를 귤 사이사이에 방사형으로 배치한다. 섬세한 꽃들은 마다카스카르 자스민 줄기에 테이프로 감아 수분을 공급하고 안정감있게 어렌지한다.

꽃과 보석의 화려한 만남

Something Borrowed

호화로운 어렌지먼트에서 반짝거리는 보석들은 비슷한 톤의 컬러를 가진 꽃들과 아주 잘 어울리며 특별한 분위기를 연출해준다.

부토니어 에나멜을 입힌 꽃 한 송이를 잎처럼 생긴 보석과 조화 잎으로 둘러싸서 영구히 간직할 수 있는 부토니어를 만든다.

▲ 조화 잎과 벨벳 리본 장미 사이에 다양한 꽃 모양 브로치를 배치하여 동그랗고 앙증맞은 부케를 완성한다.

◀ 4가지 색의 칼라 꽃다발에 벨벳 리본으로 줄기를 감싸고 독특한 하트 모양 브로치를 달아 마무리한다.

브로치 부케 만드는 방법은 86페이지 참조.

웨딩드레스 아래 가지런히 모아 쥐어 신부를 더 돋보이게 하는 부케는 디자이너가 많은 공을 들이는 부분이며 신랑에게 플로럴 아트로 즐거움을 주는 역할도 한다.

꽃은 물론 깃털 소장품이나 사용품을 빈티지 스타일링 용품 등을 곁들여 만드는 것에서 볼 수 있듯, 디자인 표현이 있어서 다른 주얼리 등 여러 가지 디자인으로도 표현된다.

88

브로치 부케 만들기

장식들을 세 종류로 구분해서 담아놓고 본드풀 접착제를 준비한다. 먼저 큰 장식을 본드에 담갔다가 이용하여 골고루 묻혀준다.

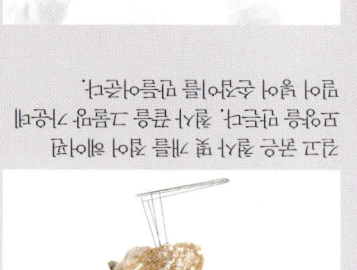

크고 작은 장식을 번갈아 배치하며 장식 사이에 공간이 그림과 같이 남도록 붙여 숨어 있는 장식들이 보이도록 한다.

장식을 크고 작게 배치하여 공간으로 작고 작은 장식을 만들어 사용한다.

부케살을 본드로 만든 꽃과 장식을 사이에 그물망처럼 붙여 꽂아주고 작은 꽃과 장식들을 그 사이에 꽂아 돋보이게 완성한다.

베드로 박스 장식하기

장식테이프 사용하여 브로치를 부착하고 중앙에 풀로 바사가 고정시키며 마지막 틀을 잡아 접착해 준다.

리본 바사 종이에 본드칠을 하고 고정한다.

리본 위에 부케 장식을 얹어 올려놓고 메어준다.

리본(바사) 장식 부케 또는 조금 짧은 길이로 잘라 장식을 풍성하게 하기 위해 장식테이프 사용하여 접착제를 풍성하게 붙인다.

샌드피스

붉은 사각의 꽃상자 파우치 안에 다양한 꽃들과 드라이한 감이에 애교를 더해 신부 훼기 꽃 피로연 세팅 등 애피타이즈, 미니 카네이션과 해피니스 등 장식이 사랑스러움 더 돋보이게 했다. 이에 더해 여러 계열의 꽃들을 테이블 분위기에 맞췄다.

꽃을 담는 작은 꽃상자 만드는 방법은 86페이지 참조.

난은 어떠한 디자인에서든 이국적인 분위기를 만들어주는데
여기에서는 강렬한 색과 빛, 윤기로 공간을 세련되고 화려하게 연출해준다.

부토니어 플로랄 테이프와 후쿠시아 리본을 감은 철사로 현대적인 느낌의 고리와 나선형 패턴을 만들어서 팔레놉시스 한 송이에 포인트를 준다.

▲잎사귀를 사용하지 않고 팔레놉시스 몇 송이만을 주름 잡힌 리본 쿠션 위에 올려 다양한 질감과 패턴을 강조한다.
부케 홀더에 주름 장식하는 방법은 92페이지 참조.

◀ 트라체리움으로 만든 바닥 부분은 하얀색 호접란으로 만든 캐스케이드 작품에 섬세한 배경이 되어준다.

각각의 호접란에 워터 튜브를 끼워 넣고 아스파라거스 '피라미달리스' 뭉치로 튜브들을 가려준다. 후크시아 리본을 줄기에 감고 보석으로 장식하여 팔레놉시스의 보라색이 더욱 강조되도록 한다.

피라미달리스 뭉치 만드는 방법은 92페이지를 참조.

파라미달리스 뭉치 만들기

아스파라거스 '피라미달리스' 한 단 반 정도를 모아 쥐고 줄기의 윗부분과 아랫부분을 방수테이프로 감싼다.

아스파라거스 '피라미달리스'를 뒤집어서 누른 다음(잎이 둥글게 퍼질 것이다) 깔끔한 원 모양이 되도록 잎 가장자리를 자른다.

테이블에서 앞부분을 들어 올려 잎들을 조금 부풀려 준 후에 작은 다발 형태가 되도록 모양을 정돈해준다.

워터 픽에 플로랄 접착제를 발라 잎 다발 속에 넣어 난초 줄기를 꽂을 수 있게 해준다.

부케 홀더에 주름 장식하기

미리 만들어 놓은 부케 홀더의 커버 중앙에 워터 튜브를 넣고 팬 멜트 글루로 고정한다.

여러 겹의 주름 리본을 만들어 플로랄 타이로 고정한다.

플로랄 타이 끝을 핸들 커버 속에 있는 폼 안에 밀어 넣고, 주름 리본을 부풀려 모양을 잡고 코사지 핀으로 고정한다.

팔레놉시스 줄기를 워터 튜브 안에 밀어 넣어 마무리한다.

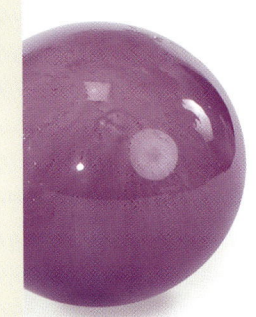

센터피스
유리로 만든 촛대 위에 멋진 캐스케이드 웨이브를 이루고 있는 붉은 색 호접란이 순백색 볼을 더욱 돋보이게 한다. 보는 각도에 따라 색이 변하는 오너먼트를 추가하여 현대적인 감각을 불어넣어 준다. 난은 최대한 작업의 맨 마지막에 어렌지하여 싱싱함을 더 오래 유지할 수 있도록 한다.

블루를 메인으로 한 이국적인 콘셉트

Something Blue

보색관계에 있는 오렌지와 블루의 생동감있는 조화가 봄과 가을의 계절감을 넘나들며
독특한 꽃과 잎의 조합에 특별한 영감을 제공한다.

부토니어 목련 잎을 두 번 접어(처음 접은 부분을 스테이플러로 고정하고 두 번째로 접은 다음에는 접착제로 처음 접은 부분 위로 붙인다) 에린지움 꽃다발을 담을 수 있는 주머니를 만든다.

◀ 나리와 심비디움, 에린지움, 수국으로 디자인한 꽃다발에 다소 엉뚱하지만 철사로 만든 잎과 투명하고 얇은 리본, 수국으로 뒤덮힌 밑받침을 함께 배치하면 현대인인 느낌의 조합을 이룬다.

수국 꽃잎으로 링 필로우 윗면을 덮어준다. 레이스 테두리는 제거하고, 접착제를 사용하여 꽃잎을 원하는 위치에 붙인다.

적갈색 목련 잎 밑받침 위에 나리와 장미,
에린지움, 히아신스, 수국을 배치하여 다채로운
색의 조합을 보여준다.
목련 잎으로 밑받침 만드는 방법은 98페이지 참조.

목련 잎으로 밑받침 만들기

목련 잎에서 V자 모양인 부분을 잘라, 잎 뒷면이 위로 향하도록 부케 홀더 손잡이에 붙인다.

목련 잎을 반으로 접어 위쪽 부분을 한 데 모아 스테이플러로 고정한다.

접힌 잎의 아래쪽을 잘라내고 잎을 손잡이에 밀어 넣어주고 플로랄 접착제를 사용하여 고정한다.

잎의 방향을 바꿔가며 두 번째, 세 번째 단계를 반복하여 부케 손잡이에 밀어 넣어 치맛자락처럼 만든다.

잎으로 화병 장식하기

거꾸로 뒤집은 원통형 화기 주위에 고무 밴드를 두르고, 목련 잎을 뒷면이 바깥으로 향하도록 하여 고무 밴드 아래로 밀어 넣는다.

목련 잎을 서로 겹쳐 화병을 빙 둘러 감싸가며 고무 밴드 밑에 배치해 준다.

목련 잎을 반으로 자르고 잘라진 가장자리를 따라 일자로 접착제를 발라 화병 밑부분에 붙인다.

반으로 자른 잎들을 접착제를 사용하여 화병 밑 부분을 빙 둘러 고무 밴드를 가려가며 화병에 빈 곳이 없도록 꼼꼼하게 붙인다.

센터피스
잎으로 덮인 화병에 골드와 블루 색조의 나리와 수국, 히아신스를 배치하고 또 다른 투명 유리 화기에는 몇 개의 목련 잎과 리본을 묶은 히아신스 다발을 넣어 조화롭게 디자인한다. 이처럼 과감한 색의 조합은 흔히 사용되는 파스텔 톤이 아닌 대조되는 색감을 나타내려고 하는 봄이나 가을 모두 유용하다.

잎으로 화병 장식하는 방법은 98페이지 참조.

단순한 요소들로 풍부한 가을 색조를 표현할 수 있다.
솔방울과 크림색 장미는 짙은 적갈색 낙엽과 잘 어울리며 그윽한 가을의 정취를 느끼게해준다.

부토니에 칼라 한 송이에 두 장의 갤럭시 잎. 작은 솔방울을 배치하면 완벽한 가을 포인트가 된다.

▲ 복합화 디자인으로 아주 멋진 빅 사이즈 장미의 아름다움을 보여준다. 여러 겹의 장미 꽃잎으로 이루어진 밑받침으로 한 송이 장미를 에워싸고 갤럭시 잎으로 그린 배경을 만들어 준다. 50페이지를 참고하면 이와 비슷한 디자인 만드는 법을 볼 수 있다.

◀ 장미와 작은 솔방울로 이루어진 디자인이다. 화려하고 깊은 색감의 칼라로 이루어진 독특한 밑받침을 만들었다. 칼라의 중심 꽃은 제거하고 꽃잎은 부케 홀더에 집어넣기 전에 미리 납작하게 펴준다.

갤럭시 잎으로 부케 홀더를 장식하는 방법은 104페이지를 참조.

갤럭시 잎으로 만든 밑받침 위에 디자인된 이 장미 부케에서는 하이페리쿰 열매와
스프레이 국화를 함께 디자인하여 앙증맞은 보석 같은 조합을 보여준다.

갤럭시 잎으로 화기 장식하기

한 다발의 갤럭시 줄기에서 잎을 뗀다.

잎 뒤에 플로랄 접착제를 뿌린다.

잎을 사각 화기가 가려지도록 위에서부터 층층이 배열하며 눌러 붙인다.

화기 바닥보다 큰 잎은 아랫부분이 평평하게 되도록 잎을 깨끗하게 자른다.

갤럭시 잎으로 부케 홀더 장식하기

마른 플로랄 폼을 부케 홀더보다 조금 길게 콘 모양으로 자른다.

플로랄 폼 작은 조각을 사포처럼 사용하여 콘 모양 플로랄 폼을 매끈하게 다듬는다.

부케 홀더를 팬 멜트 글루에 담가 콘 모양 폼 중심에 눌러서 집어넣는다.

갤럭시 잎 뒷면에 접착제를 뿌려서 콘 표면을 층층이 감싸 마무리한다.

센터피스

칼라를 골드 색 장미들 사이에 배치하여 갤럭시 잎으로 감싼 세 개의 사각화기에 디자인하면 단순하지만 아주 멋진 가을 디스플레이가 된다. 화려한 리본과 솔방울이 테이블 위에 포인트를 준다.

갤럭시 잎으로 화기를 장식하는 방법은 104페이지 참조.

레드를 활용한 세련된 결혼예식
Sophisticated Style

연보라와 진홍색의 꽃이 이국적인 패턴의 반짝거리는 실버와 리치블랙을 만나서 강렬하면서 럭셔리한 조합을 이룬다.

부토니어 붉은 장미 두 송이에 길게 말린 양치식물 잎 두 장을 추가하여 재미 있는 포인트를 만들어 준다.

▲ 비즈로 꽃무늬 장식을 한 지갑은 젊은 여성들이나 나이 든 여성들 모두에게 재미 있고 휴대하기 간편한 아이템이다. 워터 튜브에 심비디움과 장미, 동백나무 잎을 꽂아 지갑을 장식한다.

◀ 매끄럽고 광택이 나며 거의 검정색에 가까운 칼라는 한 종류의 꽃으로 부케를 만들 때 매우 훌륭한 선택이다. 손잡이에 두른 실버 리본과 코사지 핀이 멋진 대비를 이룬다.

보석을 테두리에 두른 비단뱀 패턴의 밑받침에 윤이 나는
짙은 진홍색 작약과 빨간 장미가 만나 잎사귀를 사용하지
않는 독특한 디자인이 되었다. 초콜릿 컬러의 양치식물 잎의
자연스러운 컬이 재미나면서도 매력적이다.
비단뱀 패턴 밑받침 만드는 방법은 110페이지 참조.

비단뱀 패턴 밑받침 만들기

리본 테두리를 판지 위에 대고 본을 뜬 다음 잘라서 밑받침 형태를 만든다.

밑받침에 접착제를 뿌리고 천을 덧붙여준다. 밑받침 테두리를 넘어서는 천은 잘라낸다.

진주 장식이 달린 코사지 핀을 칼라 테두리를 따라 빙 둘러 수평으로 꽂는다.

폼 케이지 부케 홀더를 칼라 중앙에 넣고, 핫 글루로 케이지 바닥을 밑받침에 고정한다.

꽃 받침대 만들기

사각 플라스틱 접시에 맞도록 플로랄 폼을 큐브 형태로 자른다. 흠뻑 적신 폼을 접시 위에 올려놓는다.

먼저 카네이션에 플로랄 접착제를 발라 폼 아래쪽 네 귀퉁이에 꽂고, 귀퉁이 사이 빈 공간을 메워 준다.

귀퉁이에서 시작하여 빈 공간을 줄 맞춰 메워준다. 큐브 옆면이 다 가려질 때까지 계속 반복한다.

플로리스트 점토를 사용하여 플라스틱 접시를 촛대 위에 고정하고, 플로랄 폼에 꽃들을 잘 디자인하여 배치한다.

센터피스

전통적인 토피어리 꽃장식으로 심비디움과 동백나무 잎, 양치식물 잎이 카네이션으로 덮여 있는 베이스에서 뿜어져 나오는 것처럼 보인다.

촛대는 다른 소재들과 어울리게 색을 칠할 수도 있으며 단순하게 그냥 옆에 세워 놓을 수도 있다. 동백나무 잎은 테이블에 흩뿌려 신비하면서도 자연스러운 분위기를 만든다.

받침대는 옆의 사진을 참고하여 만든다.

겨울에 열리는 사랑스러운 웨딩파티
Winter's Kiss

클래식한 레드와 화이트의 조합으로 이루어진 작품에서는 계절감을 나타내는 장식품들을 사용하여 따뜻함과 향수를 불러일으켜 주는 한편, 레드 계열의 꽃과 소재를 겹겹이 배치하여 생동감을 더해준다.

부토니어 울 소재로 만든 4개의 코사지 잎과 다양한 크기의 방울이 함께 디자인되어 한 송이 정원 장미가 더욱 돋보이도록 한다.

▲ 금방 내린 눈처럼 순수한 흰색의 장미가 솜털 재질의 커다란 모직 리본으로 받쳐주어 더욱 강조되었다.

◀ 코사지 잎(빨간 색 모직 잎과 멋지게 조화된)으로 정원장미를 둘러싸 붉게 물든 색감을 표현한다. 아직 피지 않은 봉오리 장미 몇 송이로 파릇파릇한 그린 소재의 느낌을 대신해준다.
울 소재로 잎을 만드는 방법은 116페이지를 참조.

빨간 톤의 정원 장미들이 함께 배치되어 달콤한 색감을 만들고 벨벳 리본과 울 소재 밑받침으로 계절감을 강조한다.

울 소재로 밑받침 만드는 방법은 116페이지를 참조.

울 소재로 잎 모양 만들기

새틴 코사지 잎에 접착제를 뿌린다. 접착력이 생기도록 30초 정도 기다린다.

코사지 잎 위에 울 소재 조각을 붙이고 나서 잘 부착되도록 잠시 내버려둔다.

줄기는 그대로 남겨두고 코사지 잎 외곽선을 따라 울 소재 천을 자른다.

악센트를 주기 위해, 빨간색 플로럴 테이프를 감은 얇은 철사에 다양한 크기의 방울을 매단다.

울 소재로 밑받침 만들기

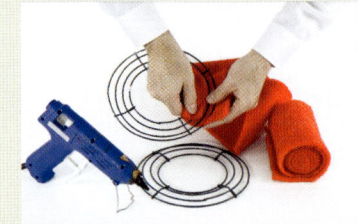

긴 울 소재의 천(길이로 삼등분하여 접어준)으로 철사 리스 폼을 둘러싼다.

리스 폼을 다 둘러싸고 나면, 울 소재 천이 겹쳐진 부분을 핫 글루로 고정한다.

빨간색 플로럴 테이프로 굵은 철사 두 가닥을 감싸서, 폼 케이지 바닥에 똑바로 수평으로 찔러 넣는다.

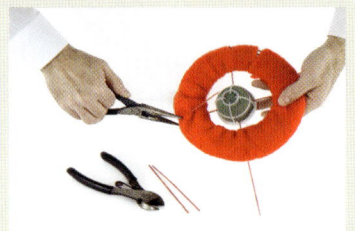

철사 위에 밑받침을 올려놓고, 철사를 그 위로 감아올린 후 불필요한 부분은 자른다.

센터피스
벨벳 리본으로 초를 겹겹이 감싸고, 빨간 울 소재로 원통형 화기를 둘러싸서 두 가지 톤이 서로 조화를 이룰 수 있도록 한다.

이 도서의 국립중앙도서관 출판예정도서목록(CIP)은 서지정보유통지원시스템 홈페이지(http://seoji.nl.go.kr)와
국가자료공동목록시스템(http://www.nl.go.kr/kolisnet)에서 이용하실 수 있습니다.(CIP제어번호: CIP2016030156)

Wedding FLOWERS 웨딩 플라워

초판 1쇄 발행 2017년 1월 5일

지은이	florists' review
펴낸이	이지영
옮긴이	류병열
책임편집	이종택
진행	서경은
디자인	Design Bloom 이나리

펴낸곳	도서출판 플로라
등록	2010년 9월 10일 제 2010-24호
주소	경기도 고양시 덕양구 서삼릉1길 22-13 (원흥동)
전화	02.323.9850
팩스	02.336.6328
대표메일	flowernews24@naver.com

ISBN 979-11-87261-21-6 13630

이 책은 한국어판 판권은 florists' review Enterprises와의
독점계약으로 도서출판 플로라에 있습니다.
저작권법에 의하여 한국 내에서 보호받고 있는 저작물이므로
전제와 복제, 인터넷 등의 수록을 금합니다.

잘못된 책은 구입처에서 바꾸어드립니다.
책값은 뒤표지에 있습니다.